je suis... Louis Pasteur

Illustration de couverture : Portrait photographique de Louis Pasteur par Nadar.

CE LIVRE A ÉTÉ IMPRIMÉ EN FRANCE SUR UN PAPIER ISSU D'UNE FORÊT EUROPÉENNE CULTIVÉE DANS LE RESPECT DE L'ENVIRONNEMENT ET LE SOUCI DU DÉVELOPPEMENT DURABLE

5 rue Bugeaud — 69006 Lyon
http://www.jacques-andre-editeur.eu/
ISBN 978-2-7570-0322-0
N° éditeur 1708
ISSN 1952-2185
N° 31

JONATHAN SIMON

je suis... Louis Pasteur

Collection *je suis...*

JACQUES ANDRÉ ÉDITEUR

Collection dirigée par Jean-Paul Chich

du même auteur

Chemistry, Pharmacy and Revolution, Ashgate, 2005

Chemistry, The Impure Science, (2e édition), Imperial College Press, 2012 (avec Bernadette Bensaude-Vincent)

Permettez-moi de vous donner un conseil que je me suis toujours efforcé de suivre et qui consiste à rester le plus longtemps dans un sujet. En toute chose, je crois, le secret du succès est dans les longs efforts. Par la persévérance dans la recherche, on finit par acquérir ce que j'appelle volontiers l'instinct de la vérité.

Louis Pasteur s'adressant à l'Association amicale des anciens élèves de l'École centrale des Arts et Manufactures, à Paris, le 15 mai 1884.

liste d'établissements français nommés Louis Pasteur

Lycées

Lycée des métiers Louis Pasteur, 25 rue du Pr Delvalle
06000 - Nice

Lycée Pasteur, 4 rue du Lycée
25000 - Besançon

Lycée professionnel Pasteur, 3 rue Pasteur
30110 - La Grand-Combe

Lycée Pasteur, 12 bd François Mitterrand, BP 206
36300 - Le Blanc

Lycée privé Pasteur, 36 rue du Gouvernement, BP 24
39000 - Dole

Lycée Louis Pasteur, chemin de Fraissinet
48500 – La Canourgue

Lycée Louis Pasteur, 1 rue des Urbanistes
59000 - Lille

Lycée Louis Pasteur, 151 bd Louise Michel, BP 9
59490 - Somain

Lycée Louis Pasteur, 800 rue Léon Blum, BP 19
62110 - Hénin-Beaumont

Lycée Louis Pasteur, site de Marmillat, BP 116
63370 - Lempdes

Lycée Louis Pasteur, 24 rue Humann
67000 - Strasbourg

Lycée Louis Pasteur, 13 rue du Pont Trouca, BP 30295
84000 - Avignon

Lycée Louis Pasteur, 21 boulevard d'Inkermann
92200 - Neuilly-sur-Seine

Collèges

Collège Louis Pasteur, 3 rue Pasteur
08330 - Vrigne-aux-Bois

Collège Louis Pasteur, rue Jacquard, BP 87
09300 - Lavelanet

Collège Louis Pasteur, 48 boulevard Paul Claudel
13009 - Marseille

Collège Louis Pasteur, place Roger Salengro
13800 - Istres

Collège Louis Pasteur, 15 rue Pasteur
14000 - Caen

Collège Louis Pasteur, 3 avenue du Dr Louis Mallet
15110 - Chaudes-Aigues

Collège Louis Pasteur, 30 rue Bir Hakeim
16260 - Chasseneuil-sur-Bonnieure

Collège Louis Pasteur, 10 rue Jean Rostand, BP 20087
21500 - Montbard

Collège Louis Pasteur, 32 rue Sainte Quitterie
32160 - Plaisance

Collège Louis Pasteur, rue du Collège
39600 - Arbois

Collège Louis Pasteur, 1 rue Louis Pasteur
41160 - Morée

Collège Louis Pasteur, bd de la Haie Daniel, BP 21
44540 - Saint-Mars-la-Jaille

Collège Pasteur, impasse Beauvois
45380 - La Chapelle-Saint-Mesmin

Collège Pasteur, 21 rue Maréchal de Tassigny, BP 204
50000 - Saint-Lô

Collège Pasteur, 7 rue du Docteur Fritsch
51250 - Sermaize-les-Bains

Collège Louis Pasteur, 3 rue du Collège, BP 14
51600 - Suippes

Collège Louis Pasteur, 2 place du Collège, BP 101
57190 - Florange

Collège Louis Pasteur, 30 avenue du Collège
57380 - Faulquemont

Collège Louis Pasteur, 151 bd Louise Michel, BP 9
59490 - Somain

Collège Louis Pasteur, 143 rue Jean Moulin, BP 165
60400 - Noyon

Collège Louis Pasteur, avenue Mermoz, BP 80139
62590 - Oignies

Collège Louis Pasteur, chemin du Heyritz
67000 - Strasbourg

Collège Louis Pasteur, place du Champ de foire, BP 49
70500 - Jussey

Collège Pasteur, rue des Hortensias
71100 - Saint-Rémy

Collège Louis Pasteur, impasse Pasteur
71870 - Mâcon

Collège Louis Pasteur, rue Sainte Marie
72530 - Yvré-l'Évêque

Collège Louis Pasteur, rue des Écoles, BP 95
76650 - Petit-Couronne

Collège Louis Pasteur, 30 avenue de Circourt
78170 - La Celle-Saint-Cloud

Collège Pasteur, 41-45 rue Saint-Nicolas
78200 - Mantes-la-Jolie

Collège Louis Pasteur, 15 boulevard Pasteur
80190 - Nesle

Collège Louis Pasteur, 51 avenue C. de Gaulle, BP 69
81300 - Graulhet

Collège privé - Groupe Pasteur, 8 rue Petramale
84000 - Avignon

Collège Louis Pasteur, 40 rue Général Sarrail
88110 - Raon-l'Étape

Collège Louis Pasteur, 24 rue Louis Pasteur, BP 354
91160 - Longjumeau

Collège Louis Pasteur, 10 rue de Soulins, BP 82
91800 - Brunoy

Collège Pasteur, 17-21 boulevard d'Inkermann
92200 - Neuilly-sur-Seine

Collège Louis Pasteur, 40 rue Jean Jaurès
92230 - Gennevilliers

Collège Louis Pasteur, 110 Grande rue
93250 - Villemomble

Collège Pasteur, 61 avenue du Chemin de Mesly
94000 - Créteil

Collège Louis Pasteur, 50 rue Louis Pasteur
94800 - Villejuif

Écoles

Plus de 300 écoles (maternelles et primaires) portent le nom de Louis Pasteur en France

bonjour…

…je m'appelle Louis Pasteur et je suis ravi de faire votre connaissance. Vous m'excuserez si je ne vous serre pas la main, mais j'ai horreur de ce mode de salutation si néfaste pour la santé et, je suis désolé, mais il est encore moins question de s'embrasser. Il y a tellement de microbes présents sur la peau comme dans la bouche que ces gestes de contact intime doivent être, sinon entièrement proscrits, à tout le moins limités au minimum. Ces règles sont nécessaires au bon fonctionnement d'une République moderne et éclairée comme la France.

Si vous ne me croyez pas, vous pouvez faire vous-même l'expérience.

C'est la science expérimentale basée sur l'observation, bien conçue et bien exécutée, qui vous apportera les preuves de ce que je dis.

Il suffit de préparer un bon bouillon de culture (un mélange de viande de bœuf et de mouton fera l'affaire). Bien vérifier que ce bouillon ne soit pas contaminé par des microbes en le chauffant pendant quelques minutes à une température assez élevée. Ensuite, quand le liquide aura refroidi, il suffit de cracher dedans et de le garder dans une pièce chauffée à une température de vingt-cinq à trente degrés (évitez les changements de température trop brusques).

Après plusieurs jours, vous remarquerez un grouillement de microbes dans ce liquide, tout particulièrement à sa surface. Il s'agit des germes microscopiques de toutes sortes de maladies. Si vous avez la chance d'être équipé d'un microscope, tant mieux, vous pourrez voir ces virus [1] à l'origine de tant de malheurs et de souffrances. Ces microbes qu'on peut laisser se multiplier dans un bouillon de culture bien choisi étaient déjà présents en plus petit nombre dans votre bouche à votre insu, prêts à être transmis à quelqu'un d'autre. C'est le mécanisme de la contagion. J'ai le plaisir de vous informer que j'ai contribué à mettre ce mécanisme à jour grâce à mon travail, sans oublier celui des collaborateurs de l'Institut [2] qui porte mon nom.

Ainsi, nous espérons un jour mettre fin aux maladies infectieuses dues à des germes. J'ai la conviction intime que toute maladie humaine est portée par un microbe et que le projet de vaccination amorcé par notre équipe de l'Institut Pasteur débarrassera un jour l'humanité de toute maladie. Pour preuve, dans les pages qui suivent, je

1) Les notes figurent en fin d'ouvrage, p. 93 & suivantes.

vous expliquerai comment j'ai déjà réussi à venir à bout d'une des plus redoutables maladies infectieuses : la rage, à la manière d'Edward Jenner[3] qui, avant moi, avait réussi à en dompter une : la variole.

Mais avant de présenter mon plus grand succès médical, il faut que je vous explique comment je suis arrivé à développer cette technique de vaccination. Quelle histoire !

Ça me fait drôle de penser à cela car, au début de ma longue carrière dédiée aux sciences expérimentales, je m'étais intéressé surtout aux propriétés optiques des cristaux et des solutions de composés chimiques. Un scientifique doit s'intéresser à tout ; mais, par-dessus tout, il doit chercher à apporter des preuves de ce qu'il propose et ne doit pas se fier aux idées reçues ou aux autorités scientifiques, quel que soit leur statut. L'expérience scientifique nous libère du faux et de toutes sortes de préjugés ou d'idées mal fondées et permet ainsi d'accéder à la vérité.

Commençons, donc ! Tout d'abord, je vous expliquerai comment je suis entré dans l'univers magnifique de la science.

les débuts

Je naquis à Dole le 27 décembre 1822 et grandis à Arbois dans le Jura, une très belle région de France pour laquelle j'ai conservé un attachement profond.

Quand je ne suis pas absorbé par mes responsabilités parisiennes (comme les séances à l'Académie de médecine ou à l'Académie des sciences), je me précipite jusqu'à la maison de mon enfance à Arbois. Mon père était tanneur et ma mère venait d'une famille de vignerons. Tous deux étaient très modestes mais c'étaient d'honnêtes gens, toujours de bon conseil, ayant le mot sage et juste pour chaque occasion.

Mon père, vaillant ancien fantassin de l'armée impériale, me racontait, alors que je n'étais qu'un enfant, la glorieuse épopée de Napoléon : comment celui-ci avait tenu tête à toutes les armées d'Europe !

Il m'invita à partager sa fierté pour la nation française, mais aussi pour le Jura, et Arbois en particulier. Jusqu'à mes derniers jours ce sera un plaisir de m'y retirer avec ma famille. Hélas, j'y ai laissé trois de mes filles tant aimées qui reposent désormais dans le cimetière de la bourgade. Comment la vie peut-elle être aussi cruelle ? Quel père ne ressentirait cette tristesse à la perte de ses enfants ?

Mais mon travail m'a permis, dans une certaine mesure, de compenser ces terribles épreuves. En effet, je crois avoir contribué de manière non négligeable au combat contre les maladies et j'espère que, dans un avenir proche, grâce à mes travaux, les parents n'auront plus à connaître les souffrances que j'ai endurées.

Mon père était d'une intelligence rare, mais il n'eut pas la possibilité de bénéficier d'une éducation comme celle que j'ai reçue. Il eut toujours le souci de m'offrir les opportunités qui lui avaient manqué dans la vie.

Grâce à l'aide et au soutien de Maître Renaud, l'instituteur du village, je pus me présenter au baccalauréat au Collège royal de Besançon. Je ne l'eus point du premier coup, mais en redoublant à Dijon, je l'obtins un an plus tard. Tout jeune, je me voyais dessinateur, artiste comme mon collègue et ami l'illustre médecin Claude Bernard qui, au début de sa vie, s'était imaginé dramaturge. Curieusement nous finîmes tous deux hommes de science. Je me demande si au fond de tout scientifique il ne se cache pas un artiste. Dans ma jeunesse, je croquais les portraits de personnes de mon entourage. Aujourd'hui, je prends toujours un certain plaisir à contempler ces portraits, en particulier ceux de mes parents tant aimés.

LES PARENTS DE LOUIS PASTEUR

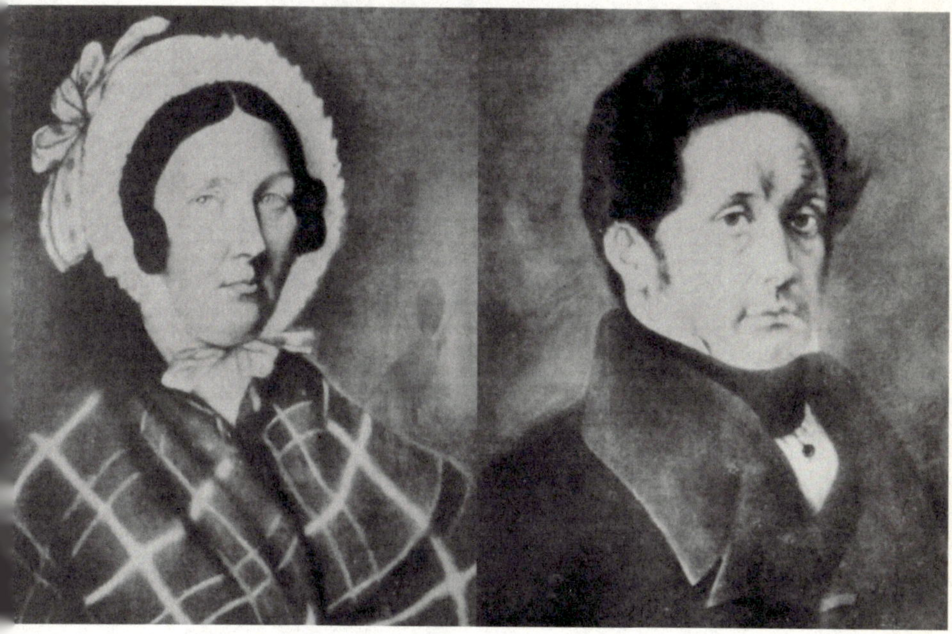

Des portraits de mes chers parents que j'ai peints moi-même à l'âge de quinze ans.

Avec l'aimable autorisation de l'Institut de bactériologie de Strasbourg.

Cependant mes ambitions scolaires mirent fin à mes prétentions artistiques et ma vie bascula définitivement avec mon entrée (non sans péripéties) à l'École normale à Paris.

Ô quelle joie inespérée d'être admis dans cette illustre institution !

Paris

En 1842, je montai à Paris, d'abord pour suivre les cours à la Sorbonne et au lycée Saint-Louis avant d'intégrer l'École normale en 1843. C'est à Paris également que j'entrai dans le monde des sciences et commençai à fréquenter les grands scientifiques qui sont devenus des collègues et même, si je puis me permettre, des amis. En première place se trouvait Jean-Baptiste Dumas, le grand maître : à l'époque il enseignait la chimie à la Sorbonne. Ensuite, venait un groupe de scientifiques géniaux et ouverts à tous ceux qui étaient prêts à adopter les règles de cette belle république des sciences, comme Jean-Baptiste Biot, Antoine-Jérôme Balard, Auguste Laurent et

Claude Bernard pour n'en citer que quatre. Parmi mes pairs, j'ai trouvé les meilleurs amis ; ils me sont restés fidèles et dignes de confiance toute ma vie. Parmi ces amis rencontrés à Paris, j'ai toujours eu un penchant pour les gens de ma région ; Charles Chappuis, par exemple, un grand humaniste et philosophe avec qui je nouai des relations à l'École normale et qui devint un ami pour la vie.

Agrégé, je voulais coûte que coûte obtenir la qualification de docteur ès sciences et pouvoir ainsi m'élever dans cette communauté bouillonnante des scientifiques qui œuvraient dans la capitale.

Néanmoins, le destin de ceux qui faisaient l'École normale était de devenir professeur de lycée et, à deux reprises, je fus nommé en dehors de Paris.

PORTRAIT DE LOUIS PASTEUR EN 1845

J'étais encore un jeune homme
avec toute la vie devant moi.

Dans *Une vie de Pasteur*, 1922 (Le portrait est de Charles Lebayle).

La première fois, c'était en 1846. J'obtins alors un poste dans un lycée à Tournon, petite ville du bord du Rhône en Ardèche.

L'idée d'être ainsi arraché à mes premières recherches scientifiques me torturait ! Heureusement, je fus sauvé par l'intervention de mon maître Antoine-Jérôme Balard, qui me rapatria dans son laboratoire. C'est là que je fis la connaissance du grand chimiste Auguste Laurent qui a beaucoup contribué à la chimie malgré une vie tragiquement courte.

Vers la fin de mes études à l'École normale, je tombai sur un article rédigé par un illustre cristallographe allemand, Eilhard Mitscherlich, relatif à certaines combinaisons salines, le tartrate et le paratartrate de soude et d'ammoniaque. Ces substances chimiques d'une composition identique partagent les mêmes propriétés sauf une :

la capacité des solutions à dévier la lumière polarisée.

Les tartrates dévient la lumière vers la gauche alors qu'on ne constate rien de tel avec les paratartrates (obtenus à partir de l'acide racémique). J'émis alors l'hypothèse que cette propriété était liée à la forme des cristaux de ces sels et, à l'aide d'un goniomètre [4], je me mis à les étudier avec soin.

Mon idée de départ était que les tartrates ont une forme dissymétrique et les paratartrates une forme symétrique. Cette idée s'avéra fausse puisque je trouvai de la dissymétrie partout (à tout le moins une forme spécifique de dissymétrie). Quand les sels paratartrates cristallisent, ils donnent deux types de cristaux, de forme similaire mais avec une différence, comme la main droite est différente de la main gauche.

Ces cristaux sont la réflexion l'un de l'autre.

LES DEUX FORMES DES SELS DE L'ACIDE PARATARTRATE

Vous voyez bien la symétrie de ces cristaux des deux espèces qui composent le paratartrate. Ils sont des « images inversées » l'une de l'autre comme votre main gauche est l'image inversée de votre main droite.

Avec l'aimable autorisation de l'Institut de bactériologie de Strasbourg.

En séparant les deux cristaux issus de paratartrate pour les dissoudre à nouveau individuellement, je me rendis compte que chaque forme en solution déviait la lumière polarisée dans un sens différent, une forme vers la droite, l'autre vers la gauche.

Par contre, les sels des tartrates ne cristallisent que dans la forme du cristal dont la solution dévie la lumière vers la gauche. Je démontrai par ces longues expériences de cristallisation et de séparation des cristaux que, dans les paratartrates, les deux formes différentes existent en proportions égales, alors qu'on ne trouve qu'une seule de ces formes dans les sels de tartrate.

L'énigme était donc résolue.

Les deux formes font dévier la lumière, l'une à gauche, l'autre à droite. En revanche, à quantité égale de ces deux formes dans une solution (c'est le cas des paratartrates), les deux effets rotatoires s'annulent, tant et si bien que la solution ne dévie plus la lumière. Lorsque je montrai le résultat de mes recherches au grand Biot, il fut d'abord sceptique mais les preuves empiriques que j'apportai finirent par le convaincre. Il devint alors le champion de ma cause et chanta mes louanges devant toutes les sociétés scientifiques de Paris. Quel honneur d'avoir un défenseur aussi distingué !

1848 fut une année exceptionnellement mouvementée avec des moments de grande joie et des moments de grande tristesse ! L'année commença avec une révolution qui bouleversa Paris et mit fin à la *Monarchie de Juillet*[5]. J'ai donné de mon argent et de ma personne pour soutenir la nouvelle République et j'ai même endossé l'uniforme de volontaire de la Garde nationale.

En mai, j'eus le plaisir de voir aboutir ma première publication scientifique, *Mémoire sur les relations qui peuvent exister entre la forme cristalline, la composition chimique et le sens du pouvoir rotatoire,* mais j'appris aussi le décès de ma mère, morte le 21 de ce même mois. Pour clore cette année singulière, je fus, en novembre, nommé une deuxième fois professeur en dehors de Paris. Cette fois-ci, je ne pus m'y soustraire. Je fus obligé d'accepter le poste de professeur de physique dans un lycée à Dijon.

Pendant quelques mois, je faillis oublier ce qu'était la recherche scientifique tellement mon temps fut occupé par la préparation de mes élèves aux épreuves du baccalauréat.

Heureusement mon séjour fut de courte durée et, en janvier 1849, grâce aux actions de mes protecteurs parisiens, je commençai une nouvelle vie à Strasbourg où je fus promu professeur de chimie à la faculté des sciences.

Modèle en liège d'une forme cristalline

Voici un modèle de cristal de bimalate de chaux que j'ai sculpté moi-mêmc dans du liège. Ces modèles m'ont beaucoup aidé lors de mes enseignements de chimie et de cristallographie à Strasbourg.

Avec l'aimable autorisation de l'Institut de bactériologie de Strasbourg.

Strasbourg

Quel attachement j'ai toujours eu pour cette courageuse Alsace arrachée depuis du sein de la République française par ces barbares de Prussiens! C'est à Strasbourg que je courtisai ma future épouse Marie Laurent (la fille du recteur de l'Académie), et c'est à Strasbourg que nous nous mariâmes le 29 mai 1849. Je ne m'étais pas trompé sur le caractère de ma femme : chaque jour elle m'a servi avec une fidélité sans pareille, elle fut la partenaire idéale pour un homme de science et pour un père de famille. Ensemble nous avons eu cinq enfants dont trois sont morts jeunes de manière tragique. La petite Jeanne, est morte à huit ans, mon adorée Cécile est morte à treize ans et la petite dernière, Camille, qui a vécu seulement deux ans. Heureusement nous avons encore Jean-Baptiste, qui faillit perdre la vie dans cette horrible guerre contre les Prussiens, et Marie-Louise, mariée avec mon cher René Vallery-Radot qui est pour moi comme un deuxième fils. Une petite compensation pour les enfants que nous perdîmes si jeunes.

À Strasbourg, j'enseignais toujours mais beaucoup moins qu'à Dijon. Par conséquent j'eus le temps de retourner à l'étude des cristaux.

Les vacances plus longues me permirent même de partir en quête de l'acide racémique (à l'origine des sels paratartrates, sans effet rotatoire sur la lumière) en entreprenant le tour des raffineries d'Allemagne et d'Autriche.

Un croquis fait par un de mes étudiants lors d'un cours de chimie.

Avec l'aimable autorisation de l'Institut de bactériologie de Strasbourg.

Il s'agissait encore d'une époque où j'aimais et respectais nos voisins allemands qui avaient toutes les apparences d'un peuple civilisé et d'un pays moderne doté des moyens de transport les plus confortables et les plus rapides. Ce que je pus découvrir lors de ce voyage me permit d'avancer mes recherches.

Je formulai l'hypothèse que la vie seule était capable de déroger à la règle minéralogique de la symétrie, si bien caractérisée par Haüy, et de produire des composés chimiques, comme les tartrates, capables de dévier la lumière polarisée. Chaque fois qu'il y a de l'asymétrie dans la nature, et que l'on en cherche l'origine, on déniche l'action d'un être vivant. Effectivement, l'acide tartrique est produit par la fermentation et ce processus, que beaucoup de scientifiques voyaient comme une simple réaction chimique, était en réalité le résultat de l'activité d'organismes microscopiques. C'est la levure, un être vivant, qui est responsable de la fermentation de la bière, comme je le démontrai à l'aide du microscope.

En fin de compte, ce fut la découverte d'une méthode pour transformer l'acide tartrique en acide racémique qui me valut, en 1853, le prix de la Société de pharmacie de Paris et l'attribution de la Légion d'honneur. C'est à ce moment-là que j'entrai véritablement sur la scène de la science française.

À l'âge de trente ans, mûr, bientôt père de trois enfants, j'avais toute une vie scientifique devant moi.

Lille

Après Strasbourg, je fus nommé à Lille en 1854. Cette fois-ci, il s'agissait du poste de doyen de la nouvelle faculté des sciences, avec le défi de mettre en place une formation universitaire adaptée à une France moderne, industrielle et scientifique.

À Lille, le nouvel empereur créa la première université dédiée à l'enseignement des sciences dans le but pratique d'améliorer l'industrie française. Quel privilège de participer à une telle aventure proche de ma propre vision d'une science utile ! J'étais installé à la faculté avec un laboratoire directement au-dessous de mon appartement. Quoi de plus agréable dans la vie que la possibilité d'avancer ses recherches sur la paillasse à n'importe quelle heure du jour comme de la nuit !

Parfois le hasard fait bien les choses. Parmi mes étudiants à Lille se trouvait un certain Émile Bigot, fils d'un de ces industriels de la betterave qui enrichirent le nord de la France. À cette époque, leurs usines parvenaient difficilement à produire de l'alcool de qualité à partir des récoltes. Depuis toujours attaché aux intérêts de mon pays et en outre soucieux de montrer la puissance de la science appliquée à l'industrie, j'entrepris de découvrir la source de ce problème et de le résoudre. Je m'installai avec mes appareils scientifiques dans une raffinerie de betterave à Lille et cherchai méthodiquement à comprendre le déroulement de ce processus mystérieux qu'est la fermentation. À l'aide du microscope, je vis qu'il y avait deux types de levures, l'une qui produisait l'alcool recherché par les industriels, l'autre qui produisait de l'acide lactique, lequel gâche le goût de l'alcool. J'appris plusieurs choses qui allaient devenir fort utiles dans mes travaux futurs.

Tout d'abord la capacité des micro-organismes, invisibles à l'œil nu, à faire du bien ou à faire du mal.

Deuxièmement, l'importance du microscope. Je me promis de ne plus jamais entreprendre de recherches scientifiques sans avoir un microscope à portée de main.

Ensuite, l'importance du milieu, pour la prospérité d'un microbe. En changeant la température ou l'acidité d'un milieu on peut tuer un type de microbe sans affecter un autre type.

Ce principe me servit souvent parce qu'en jouant sur le milieu on peut également jouer sur la virulence d'un microbe responsable d'une maladie

– cela devait s'avérer être la clé de voûte de mes découvertes ultérieures.

Le fait de démontrer que l'alcool est le produit d'un être vivant et pas simplement d'une réaction chimique me mettait en contradiction avec l'idée du célèbre Justus Liebig. Ce dernier pensait que l'alcool était le produit de la décomposition de la levure, alors que je montrai que la réalité était autre. Ceci dit, le parallèle que Liebig faisait entre la fermentation et les maladies m'ouvrit les yeux sur l'importance des microbes dans les domaines de la santé humaine et animale.

Sans que je m'en rendisse réellement compte, mes recherches avaient basculé dans un nouveau domaine et je ne travaillais plus comme chimiste. Avec mes publications sur la fermentation, je me trouvais sur le seuil de la microbie[6], l'étude des êtres vivants microscopiques. Responsables de la fermentation, les microbes peuvent aussi avoir des effets néfastes comme on va le voir avec les maladies infectieuses. Ils se trouvent absolument partout ; invisibles, ils flottent dans la pièce où vous êtes en train de lire ces pages ; ils sont prêts à profiter d'un lieu favorable pour fonder une colonie en se multipliant avec une rapidité étonnante. Mais il y avait des gens pour penser que ces microbes et même encore d'autres êtres vivants, comme les asticots par exemple, naissent de nulle part. Il s'agissait des partisans de la génération spontanée de la vie, théorie qu'ils appelaient *hétérogénie*.

Une fois réinstallé de manière durable à Paris, je m'engageai à résoudre cette question une fois pour toute au moyen de la seule technique fiable : l'expérimentation scientifique.

la génération spontanée

1857 fut l'année de ma nomination comme directeur scientifique à l'École normale (devenue « supérieure ») et un retour à la rue d'Ulm. C'était le moment de partir à l'assaut du dogme de la génération spontanée ; il fallait enterrer, à l'aide de preuves empiriques, cette idée fausse qui était défendue avec acharnement par Félix Pouchet.

En 1859, ce naturaliste rouennais avait publié un livre portant le titre *Hétérogénie, ou traité de la génération spontanée* dans lequel il soutenait l'idée que la vie pouvait apparaître à partir de la matière inerte. Il proposait la définition suivante : « La génération spontanée est la production d'un être organisé nouveau, dénué de parents, et dont tous les éléments primordiaux ont été tirés de la matière ambiante. » Le vrai défaut de monsieur Pouchet fut d'être un piètre expérimentateur alors qu'il prétendait pratiquer une bonne science expérimentale. C'est effectivement par la multiplication des expériences faites avec précision et soin que je démontrai catégoriquement que les germes portés dans l'air ambiant étaient nécessaires pour l'éclosion de la vie. Un bouillon, aussi riche en nutriments soit-il, reste dépourvu de vie en absence de ces microbes. C'est dans ce contexte que j'imaginai et fis construire le célèbre ballon à col-de-cygne. Effectivement, avec cette forme de ballon, un milieu plein de nutriments, préalablement chauffé afin de tuer tout germe présent, reste sans trace de vie pendant des mois, sinon des années ou des décennies.

UN BALLON À COL-DE-CYGNE

Un ballon à col-de-cygne comme celui qui m'a servi pour démontrer la fausseté de la doctrine de la génération spontanée. Rien ne pousse dans un bon bouillon si on s'assure qu'aucun germe n'y subsiste. Cet appareil permet de le démontrer.

Avec l'aimable autorisation de l'Institut de bactériologie de Strasbourg.

Comme si le simple fait d'avoir raison ne suffisait pas, je me vis décerner en 1861 le prix Jecker pour mes travaux sur la question de la génération spontanée.

En 1864, l'Académie des sciences nomma également une commission d'enquête devant laquelle je présentai mes preuves. Les membres de cette commission tranchèrent le débat en ma faveur et je pus finalement laisser tomber cette controverse qui occupait trop de mon temps. J'avais des projets beaucoup plus importants qui réclamaient toute mon attention.

Ce fut au début de cette controverse sur la question de l'hétérogénie que j'eus le choc terrible de perdre le premier de mes enfants. S'il y a quelque chose qui marque la vie d'un homme, c'est la mort, et rien de plus terrible que la mort de ses propres enfants. En 1859, je perdis ma petite Jeanne, âgée seulement de neuf ans. Lors de la guerre de 1870 les Allemands montrèrent leur vraie nature. J'eus peur aussi pour la vie de mon seul fils, volontaire dans l'armée de la République. Mais avant, j'avais déjà perdu encore deux filles. En 1865, Camille, âgée d'à peine deux ans, mourut suite aux souffrances liées à une tumeur du foie contre laquelle Marie et moi-même fûment impuissants. L'année suivante, dans une série tragique, ce fut le tour de Cécile, notre fille de douze ans, pleine de joie et de vie, qui fut enlevée par la fièvre typhoïde.

La maladie, quel fléau ! Il faut la combattre par tous les moyens, œuvrer sans relâche afin de supprimer à jamais de telles souffrances.

J'arrive bientôt à ma contribution à la lutte contre les maladies infectieuses, mais je dois d'abord vous raconter les services qui m'étaient demandés par l'État français. Je ne pus refuser ces requêtes de la France dans les moments de grande difficulté. Il était inconcevable de tourner le dos à la patrie qui me donna tout et qui me couvrit d'honneurs et de prix, mais, plus important encore, qui m'ouvrit l'esprit à la science et à une vie de recherche, en un mot, à des savoirs et des découvertes scientifiques d'une valeur inestimable.

Depuis un certain temps, des défauts importants amoindrissaient la qualité du vin français. Point n'est besoin de vous expliquer l'importance que cette industrie représentait dans l'économie nationale qui voyait une incroyable expansion des marchés. J'étais devenu, grâce à mes recherches, l'autorité française sur la question de la fermentation ; l'empereur Napoléon III me demanda de prendre personnellement l'affaire en main afin de résoudre un problème qui menaçait un secteur important de l'industrie française. Toujours accaparé par cette épuisante lutte contre Pouchet autour de la question de la génération spontanée, je m'installai en 1863 à Arbois avec mon équipement et quelques assistants afin d'étudier de près la production du vin. Les vignerons étaient confrontés à la dégradation de leur vin dans les tonneaux, pourtant soigneusement préparés. Au moment de la vente, ils se rendaient compte que le liquide avait un goût amer et fort désagréable et qu'il n'était plus qu'une piquette à peine bonne pour la cuisine.

Pourquoi le vin se dégradait-il ?

Mes trois meilleurs alliés – le microscope, la détermination et la patience – me servirent encore une fois pour arriver à bout de ce mystère. Pour ne rien vous cacher, je disposais déjà depuis cinq ans, grâce à mes études sur la bière et la production du vinaigre, des éléments nécessaires à la résolution du problème. La clé du mystère se trouvait dans les plantes microscopiques, appelées par les naturalistes *mycodermes,* lisses ou ridées, et communément appelées *fleur du vin* ou *fleur de vinaigre.* Ce sont elles qui convertissent l'alcool en acide acétique faisant tourner le vin en vinaigre. Ces plantes formaient une masse gélatineuse à la surface du vin, une matière facilement reconnaissable, connue comme « mère du vinaigre ». Ainsi, comme pour la bière, la fermentation du vin dépendait d'un microbe qui transformait le sucre des raisins en alcool. Mais je décelai vite la présence du microbe *mycoderma aceti* qui, ensuite, transformait l'alcool en acide acétique donnant du vinaigre et rendant alors le vin imbuvable. Comme pour la bière, je fus confronté à l'existence de deux microbes complémentaires, l'un qui servait les intérêts du commerce humain, l'autre qui détruisait tous les bienfaits du premier.

La solution, fruit d'une longue série d'expérimentations, fut aussi efficace que simple. Une fois la fermentation achevée et le vin prêt pour le stockage, il suffit de le chauffer entre cinquante-cinq et soixante degrés Celsius afin de tuer les microbes responsables de la dégradation ultérieure. Pour garantir l'application correcte de ce procédé, je fus obligé de déposer un brevet – ainsi la « pasteurisation » fut inventée – procédé qui épargnait à l'industrie viticole la perte de plusieurs millions de litres de vin et sans aucun doute de milliards de francs. Ce fut mon premier, mais non pas mon dernier brevet ! Même si la science appartient sans discrimination à tout le monde, des gens peu scrupuleux sont toujours prêts à s'approprier une nouvelle découverte scientifique sans autre souci que d'en retirer un profit immédiat. Le brevet nous protège (en partie seulement, c'est vrai) de ce genre d'abus.

le ver à soie

Après les brasseurs, les vignerons et tous les artisans travaillant dans les industries liées à la fermentation, je fus appelé à sauver une autre industrie qui, au premier regard, avait peu de choses en commun avec les industries de la fermentation : l'industrie de la soie.

Autant, depuis une décennie, j'avais creusé le sillon de la recherche sur la fermentation et, à force de travail, étais-je devenu un véritable expert dans ce domaine, autant, en 1867, au moment d'entreprendre ma mission pour sauver la sériciculture française, je n'y connaissais strictement rien. Ceci dit, personne ne pouvait ignorer l'importance qu'avait cette industrie pour la France. Je séjournais souvent à

Lyon, cette grande ville connue pour sa maîtrise des arts de la soie, avec ses canuts travaillant une matière première d'abord importée de Chine et ensuite produite dans le sud de la France. Je serais peut-être resté sur ces connaissances générales si Jean-Baptiste Dumas, mon premier professeur scientifique, qui était entre-temps devenu ministre de l'Agriculture, n'avait fait appel directement à mes services. Lui-même originaire d'Alès [7], Dumas fut fort affecté par la crise que traversait la France avec la maladie des vers qui laissait les éleveurs sans ressources et rendait la soie de plus en plus coûteuse. Je ne connaissais rien ni aux vers à soie ni à leurs maladies, mais Dumas plaçait sa confiance dans mon habileté à vaincre ce fléau. Par conséquent, je ne pouvais ni refuser ni échouer dans cette mission d'une haute importance pour la nation. Il fallait lire tout ce qui avait été écrit sur la production de la soie et entreprendre des études précises et détaillées sur la vie de ces bêtes tellement étranges et finalement si attachantes que sont les vers à soie.

Afin de mener à bien cette étude je partis vers Alès avec mes fidèles collaborateurs Gernez, Duclaux, Raulin et Maillot. Nous étions accompagnés pour l'occasion de ma petite Marie-Louise et bien sûr de ma femme. C'est pendant ces études que j'appris la mort de Cécile qui était restée à Arbois et que nous pensions guérie de sa typhoïde. Et ceci, juste après la mort de Camille. Pour oublier ces deuils je me jetai à corps perdu dans mes travaux et je devins en un temps relativement court expert de l'*éducation* des vers à soie (c'est le terme utilisé par les magnaniers [8] qui élèvent ces remarquables bêtes pour leur cocon fabriqué d'un seul fil de soie). Pour tout dire, me perdre dans mon travail fut le seul moyen d'éviter une dépression nerveuse dont il eût été difficile de sortir. En outre, le temps pressait car l'état des magnaneries du Midi était catastrophique.

En 1865, la France produisait moins de quatre millions de kilogrammes de soie alors que, dix ans plus tôt, elle en avait produit presque vingt millions ! Beaucoup des mûriers qui avaient été plantés dans la région du Midi étaient abandonnés parce que les vers mouraient avant d'arriver à leur quatrième mue, transformation qui précède le stade où ils font leur cocon. En effet, la culture du mûrier et l'éducation des vers à soie vont de pair car les feuilles de cet arbre constituent leur nourriture exclusive.

Nous nous installâmes à Pont-Gisquet près d'Alès, dans une maison bien adaptée à notre travail et je me penchai sur la maladie qui faisait des ravages dans la région. Placé dans les mains d'autres chercheurs, notamment Emilio Cornalia, le microscope avait déjà révélé les microbes ovales responsables de la pébrine, une maladie, identifiable par les taches à la surface des vers, qui les empêchait de finir leur cycle productif. Quelques vers infectés devenaient des papillons malades donnant à leur tour une descendance contaminée.

La solution fut le tri des papillons pour être sûr d'avoir les individus nécessairement indemnes pour sauver la prochaine génération de vers. Mais à cette tâche, déjà assez délicate, venait s'ajouter un autre problème, l'existence d'une deuxième maladie, la flacherie, souvent confondue avec la pébrine. Cette maladie rend les vers tout flasques comme le nom le suggère, puis ils meurent. Elle est liée à la fermentation des feuilles de mûrier et plus généralement à une circulation insuffisante d'air dans les magnaneries. Il fallut cinq années de travail acharné pour arriver à bout de ce fléau. Je ne suis pas sûr que j'aurais réussi dans ma quête sans l'affection et le respect que je devais et dois toujours à mon maître Dumas. J'ai bénéficié d'un autre soutien exceptionnel, celui de l'empereur lui-même et, plus encore, de celui de l'impératrice Eugénie qui me parlait avec beaucoup de compassion des souffrances engendrées par ces maladies et que son peuple devait subir.

Un jour de l'automne 1868, précisément le 19 octobre, je me souviendrai de cette date toute ma vie, je faillis mourir. Dès le matin, j'avais eu des sensations bizarres : un fourmillement sur mon côté gauche et, de manière très inhabituelle, je fus obligé de m'allonger après le déjeuner et de renoncer à plusieurs heures de travail. Cet après-midi-là, je présentais la communication d'un collègue italien à l'Académie des sciences à Paris et, quand je retournai au lit le soir, je me sentis tout d'un coup submergé par une énorme vague de douleur et je devins incapable de faire le moindre geste ou le moindre bruit pendant quelques minutes qui me semblèrent durer une éternité. Alertée par mes gémissements, Marie appela le docteur Godelier qui me crut sur le point de mourir, victime d'une hémorragie cérébrale. Imaginez ! finir sa vie à l'âge de quarante-six ans ! Finalement cette attaque ne m'emporta pas et, au début de l'année 1869, je pris le train pour retourner dans le Gard afin de reprendre mon travail sur les maladies des vers à soie. Après trois mois de convalescence, une telle reprise de travail n'était pas sans risque, mais je préférais me sacrifier en étant utile aux autres que vivre sans utilité aucune. En revanche, je ne devais jamais regagner l'usage de mon bras gauche et je dépendais dorénavant de ma chère femme pour la rédaction de ma correspondance et de mes articles scientifiques. À partir de 1882, j'engageai mon neveu Adrien Loir pour exécuter les manipulations que je n'étais plus capable de réaliser moi-même.

Je continuai à travailler afin de finaliser la publication de mes observations approfondies sur tous les aspects du sujet : *Étude sur la maladie des vers à soie*. Cette tâche fut rendue plus agréable suite à l'invitation faite par la famille impériale d'installer un élevage modèle de vers à soie à la Villa Vicentina en Italie. En reconnaissance de ce travail, l'empereur me nomma sénateur, un honneur qui me fut retiré après les événements de l'année 1870. Ô la perfidie de la Prusse, se vantant d'être le point d'orgue de la civilisation humaine, mais se révélant finalement l'ennemi acharné de la liberté et l'antithèse de l'honneur ! La bibliothèque de Strasbourg fut détruite, l'Académie des sciences de Paris fut bombardée et même l'École normale fut touchée par l'artillerie prussienne. Les champions de la culture teutonne montraient leur vrai visage de guerriers barbares sans grâce ni pitié. Mon propre fils Jean-Baptiste se porta volontaire comme son père et son grand-père l'avaient fait pour défendre notre pays et, peu de temps après, je me mis en route pour le chercher en Alsace parmi les colonnes de braves soldats français qui battaient en retraite. Replié à Lyon, je ne pouvais que dénoncer l'état piteux de la science française qui avait contribué à notre défaite[9].

Les vers à soie m'avaient tenu éloigné de la fermentation, mais plusieurs éléments relevés chez les magnaniers vinrent enrichir ma réflexion sur le sujet. L'idée que les maladies des êtres vivants, et pas seulement celles du vin ou de la bière, puissent trouver leur origine dans l'action d'êtres microscopiques fut confirmée ainsi que le pouvoir des microbes présents dans le corps de détruire leur hôte. Pour prévenir les effets néfastes de ces virus mortels n'était-il pas possible, en chauffant le sang, de *pasteuriser* un homme malade et ainsi de le rendre à la santé ? Ou même, toujours par un tel moyen, d'épargner à tout être humain la souffrance générée par les microbes qui nous menacent à chaque moment de notre existence ?

la maladie du charbon

En 1877, je m'intéressai à la maladie du charbon.

Cette maladie virulente est capable de tuer les moutons, les chevaux ou les vaches en quelques heures après avoir rendu leur sang épais et noir. Déjà le médecin Casimir Davaine avait identifié les petits bâtonnets responsables de la maladie et les avait appelés « bactéridies [10] charbonneuses ».

À mon tour je fis pousser ces bactéridies en me servant d'une seule goutte de sang d'un mouton mort du charbon. Je la laissai tomber dans un ballon rempli d'urine préalablement stérilisée et rendue alcaline par addition de potasse. Le microbe alors poussa facilement, formant de longs filaments qui flottaient dans le bouillon après seulement quelques heures. J'écumai quelques gouttes de ce bouillon afin d'ensemencer un autre ballon et ainsi de suite des dizaines, voire des centaines de fois. Cela confirmait que, même après un passage par une vingtaine de ballons, le virus restait virulent. Une goutte de ce liquide placée sous la peau d'un animal, par exemple un lapin, était toujours capable de le tuer en moins d'une heure. Or, je ne cherchais pas à savoir comment propager ce virus de ballon en ballon, ou de génération en génération, mais à diminuer sa virulence.

Il fallait arriver à produire une version de ce microbe qui ne tuerait plus mais serait capable d'immuniser un animal contre la maladie. N'était-ce pas cela le grand triomphe d'Edward Jenner, d'avoir découvert une forme inoffensive de la petite vérole, la vaccine, qui mettait à l'abri du mal toute personne qui s'était fait inoculer ?

Trouver une méthode pour rendre inoffensif le microbe responsable de chaque maladie infectieuse devrait permettre de débarrasser l'humanité de toute souffrance, de toute mort liée à ces fléaux. Avec une telle technique à leur disposition, les hommes pourraient être enfin assurés de vivre chacun cent ans, pourquoi pas deux cents !

Assez tôt dans mes recherches sur la maladie du charbon je me rendis compte de la multiplicité des facteurs qui pouvaient influer sur la dangerosité d'un microbe. La poule, peut-être le saviez-vous déjà, est un animal qui n'est pas sensible à la maladie du charbon. Monsieur Colin, vétérinaire à l'École d'Alfort, était convaincu qu'il pouvait transmettre la maladie du charbon aux poules. Cette personne sympathique avait des opinions, à mon avis, trop tranchées voire erronées, sur plusieurs sujets.

J'exigeai de lui qu'il amenât à l'Académie de médecine une poule infectée par cette bactéridie et il fut incapable de le faire.

En revanche, moi, je réussis à relever ce défi et, un jour de mars 1878, j'amenai dans une cage trois poules, deux bien vivantes et une troisième morte de la maladie de charbon. Comment avais-je réussi à transmettre le charbon à cette troisième poule ? Eh bien, en la plongeant dans un bain d'eau froide tout de suite après lui avoir inoculé le virus.

C'est en effet la température élevée du corps de la poule qui la protège de cette bactéridie. Ainsi, en réduisant sa température corporelle, j'avais rendu la troisième poule sensible au charbon. Les deux autres poules servaient de témoin, l'une fut inoculée par le même virus mais sans être plongée dans le bain d'eau, l'autre fut baignée sans avoir été inoculée au préalable par la bactéridie. Il faut être systématique dans la science pour éviter les pièges de conclusions trop hâtives et par conséquent souvent fausses.

Je ne vous raconte pas cette histoire pour vous distraire, mais afin de vous apprendre un principe important de la « microbie » : le milieu est un facteur qu'il ne faut jamais négliger pour la propagation comme pour l'élimination d'un virus. Une bactéridie qui pousse à trente-deux degrés Celsius peut mourir à trente-cinq ; toutes ces variables représentent autant de leviers qui permettent de jouer sur la virulence d'un germe responsable d'une maladie comme le charbon.

Mais comment rendre bénin un virus aussi mortel que la bactéridie charbonneuse ? Je trouvai une méthode pour atténuer ce virus, et quand nous injectâmes la bactéridie affaiblie dans les moutons, ils furent immunisés contre cette maladie normalement fatale. Invités par le baron de la Rochette, nous testâmes ce virus atténué afin de mettre en lumière ses réelles qualités à Pouilly-le-Fort en mai 1881. Quelle victoire que ce défi relevé sous le regard méfiant de tout ce beau monde : journalistes, hommes politiques, vétérinaires, fermiers ! Il y avait quelques amis, sans doute, dans le public, mais la majorité de ceux qui étaient présents n'attendait rien d'autre que de me voir humilié par un échec. Assisté par Chamberland et Roux, qui me rendirent des services inestimables dans la tâche de mettre au point ce vaccin, j'étais prêt à contredire mes détracteurs.

L'expérience débuta le 5 mai 1881 lorsque nous injectâmes à vingt-cinq moutons le vaccin préparé à partir du virus atténué. Ceci se passa devant une foule de spectateurs à la ferme de Pouilly-le-Fort. Cette démonstration avait été organisée par les soins de monsieur Rossignol, un des rédacteurs du journal *La Presse vétérinaire*. J'avais élaboré un protocole très strict que je mis en pratique sur les soixante moutons mis à ma disposition par la Société d'agriculture de Melun. Vingt-cinq seraient vaccinés et ensuite inoculés avec la bactéridie virulente. Vingt-cinq autres subiraient le même sort mais sans avoir reçu préalablement le vaccin. Les dix autres moutons serviraient de témoins, et seraient mis de côté en ne subissant ni les injections du vaccin ni l'inoculation du virus actif. L'injection du vaccin le 5 mai fut suivie par une deuxième le 17 mai pour les vingt-cinq moutons choisis au hasard pour ce traitement prophylactique. L'inoculation de la culture mortelle de la bactéridie charbonneuse fut programmée pour le 31 mai avec les résultats conclusifs de l'expérience prévus pour le 2 juin 1881 à quatorze heures.

Je vous mentirais si je vous disais que j'eus l'esprit tranquille les jours qui suivirent la première injection en mai. Les rapports venant de la ferme indiquant des poussées de fièvre parmi les moutons vaccinés me mirent mal à l'aise. Cependant, malgré un petit doute, j'avais toujours confiance dans les tests préalables que nous avions effectués.

Le 2 juin 1881, je pus dire, comme dans les mots de notre hymne national : « le jour de gloire est arrivé ». C'est avec beaucoup d'émotion que je descendis de la calèche à Pouilly-le-Fort.

La foule me bousculait en scandant mon nom et j'eus peur de tomber, ce qui eut présenté un vrai risque depuis mon attaque cérébrale. Quelle vision m'attendait à la ferme ?

Les vingt-cinq moutons non vaccinés étaient étalés morts dans le champ, emportés par la maladie du charbon, les corps déjà gonflés par la décomposition.

Par contre, les vingt-cinq moutons qui avaient reçu une injection du virus atténué étaient en pleine santé et broutaient tranquillement l'herbe. Je ne pus m'empêcher d'aller caresser leur toison épaisse, en prenant soin de bien me laver les mains directement après. Quelle preuve magnifique de l'efficacité de notre vaccin ! Je me réprimandai de ne pas avoir eu plus confiance dans les expériences préalables que nous avions conduites dans notre laboratoire de la rue d'Ulm.

Louis Pasteur en 1881

Votre humble serviteur à la cinquantaine. Les honneurs et ma réussite professionnelle n'ont rien changé à ma dévotion pour les sciences et pour l'humanité.

Photographie par Nadar.

Mais le résultat de cette expérience de Pouilly-le-Fort ne fut pas la seule source de mon *satisfecit*, car je voyais les avantages qu'un tel vaccin pouvait apporter à l'agriculture française. Comme mes découvertes sur les maladies des vers à soie, le vaccin contre le charbon offrait la possibilité de mettre nos paysans à l'abri d'une catastrophe potentielle qui, comme l'épée de Damoclès, menaçait de les frapper à n'importe quel moment. Avec ce traitement préventif s'ouvrait devant nous la perspective d'enrayer le fléau de la maladie du charbon en France. En effet, les spores de la bactéridie sont capables de rester endormis sans limite dans le temps ; n'importe quel champ représentait un risque pour les troupeaux et la seule protection était la vaccination de tout le bétail. Ainsi, la production et la distribution de ce vaccin constitueraient une fonction importante de l'Institut que nous fondâmes en 1888 et qui, en dépit de mon opposition, avait fini par porter mon nom. Vous savez comment je voulais l'appeler ? l'Institut français pour le traitement de la rage !

Ce fut la lutte contre cette autre maladie terrifiante qui devait couronner ma carrière scientifique. En effet, en plus de la maladie du charbon, je m'intéressais au choléra des poules et au rouget du porc. À partir de 1880 ce fut la rage qui monopolisa pratiquement tout mon temps et captiva mon attention.

Un chien enragé dans une cage

La rage, quelle terrible maladie ! Il fallait traiter les chiens enragés avec beaucoup de précautions.

Journal des connaissances utiles, 1893.

la rage

La rage était particulièrement difficile à étudier : je n'arrivais pas à isoler la bactéridie responsable de la maladie ; toutes les tentatives de cultiver un tel virus dans des bouillons furent vaines [II]. Je suppose que vous connaissez la maladie… Elle est transmise principalement par des chiens. Un être humain qui l'attrape, en général suite aux morsures d'animaux malades, est condamné à la mort. Une fois infectée, la malheureuse victime est frappée de troubles neurologiques avant de devenir elle-même littéralement enragée. Le malade bave et cherche à mordre ceux qui le soignent. Il déploie une force comme celle de dix hommes et représente un véritable danger public.

Finalement, la victime se paralyse et sombre progressivement dans la mort.

Compte tenu des symptômes, il est facile de comprendre que cette maladie attaque le système nerveux. Ainsi, ce fut en broyant le cerveau et la moelle épinière d'animaux infectés et en injectant le liquide qui en résultait qu'on eut le plus de succès pour transférer la rage d'un animal à un autre. Suivant cette méthode, on constitua un stock de lapins, de cobayes et, bien sûr, de chiens enragés. Cependant, même en inoculant un lapin sous la peau avec cette matière hautement infectieuse, on n'arrivait pas toujours à lui transmettre la rage. En perçant un trou dans le crâne d'un lapin ou d'un chien et en injectant ensuite la matière nerveuse infectée directement dans le cerveau, on pouvait provoquer la maladie de manière certaine. Des techniques inattendues s'avèrent parfois capitales pour le progrès de la science. La possibilité d'un transfert fiable du virus entre deux animaux me permit d'entreprendre le développement d'un vaccin. Ce travail devait durer cinq ans avant d'aboutir en juillet 1885 : je pus sauver la première vie humaine des griffes de cette maladie mortelle. Laissant de côté l'histoire de toutes les fausses pistes et des échecs, je vais expliquer comment nous préparions le vaccin contre la rage à l'Institut Pasteur. Tout d'abord, il faut comprendre qu'en général on doit administrer un vaccin avant que le patient n'attrape la maladie.

Cependant, dans le cas de la rage, à cause de sa très longue période d'incubation, le vaccin peut avoir un effet thérapeutique même administré après que le patient l'ait contractée. Alors comment dans de telles circonstances en éviter la progression fatale ?

Je surveille les lapins afin de voir lesquels montrent les symptômes de la rage. Je me suis servi de leur moelle épinière afin de préparer un vaccin contre cette épouvantable maladie.

Journal des connaissances utiles, 1893.

Notre vaccin est préparé en utilisant la moelle épinière de lapins infectés par un germe de la rage particulièrement virulent. Nous laissons ensuite sécher cette moelle épinière, suspendue dans un bocal avec de la potasse, pendant plusieurs jours voire plusieurs semaines. De ce fait le virus perd progressivement sa virulence. La première inoculation du traitement est faite à partir d'une moelle exposée à l'air desséché pendant deux semaines. On la broie et on l'injecte dans l'abdomen du patient avec une seringue de Pravaz. Le jour suivant, on peut injecter un virus plus virulent résultant d'une moelle épinière exposée une journée de moins que celle utilisée pour la première injection. On continue avec une telle séquence jusqu'à l'inoculation d'une préparation virulente qui est obtenue à partir d'une moelle épinière fraîchement prélevée chez un lapin enragé.

BOCAL POUR PRÉPARER LE VACCIN CONTRE LA RAGE

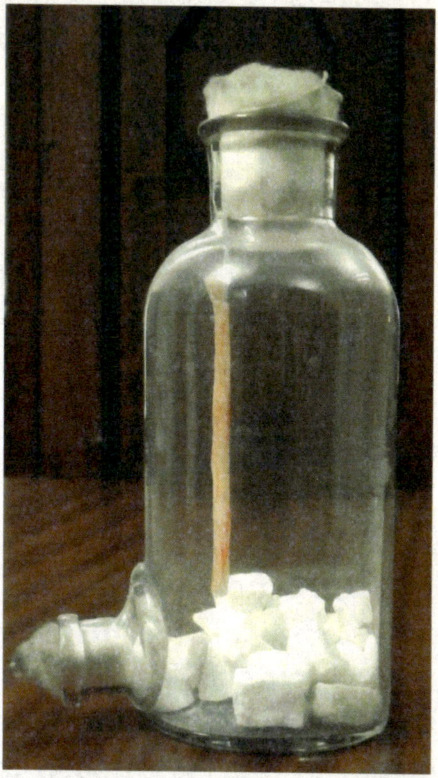

Cet appareil tout simple fut la clé de la production de mon vaccin contre la rage. Ce vase permet l'exposition de la moelle épinière d'un lapin enragé à l'air desséché par les fragments de potasse disposés au fond.

Avec l'aimable autorisation de l'Institut de bactériologie de Strasbourg.

C'est cette série d'inoculations que le docteur Grancher pratiqua pour la première fois sur le petit Joseph Meister en juillet 1885. Ce garçon de neuf ans avait été sauvagement mordu par un chien enragé dans un petit village d'Alsace. Sa mère l'avait conduit à la porte de mon laboratoire afin qu'il puisse recevoir le traitement dont elle avait entendu parler. Dans un premier temps, je refusai, expliquant le caractère expérimental de ce traitement. La mère de l'enfant insista en faisant valoir sa conviction que, si l'on ne faisait rien, son fils allait, de manière certaine, mourir de la rage. Quel père aurait pu résister à la force de tels arguments ? N'avais-je pas, moi-même, perdu trois de mes enfants ? Je cédai donc aux supplications de madame Meister et laissai le docteur Grancher administrer la première injection au petit Joseph, le 6 juillet 1885. Encore des jours et des semaines d'angoisse. Cependant, le garçon restait imperturbable et ne douta pas un seul instant que je lui sauvais la vie. Il survécut à la maladie, jusqu'en 1940 ! Brave petit Alsacien ! les Prussiens lui avaient volé son pays, mais c'est la France qui lui aura sauvé la vie !

PORTRAIT DE PASTEUR PAR ALBERT EDELFELT EN 1885

Dans ce portrait à l'huile, je tiens dans la main droite l'appareil utilisé pour atténuer le virus de la rage..

Après Joseph Meister, il y eut le jeune berger Jean-Baptiste Jupille gravement blessé en protégeant un garçon d'une attaque par un chien enragé. Le traitement le sauva aussi. Les victimes de la rage commencèrent alors à affluer vers notre petit laboratoire de la rue d'Ulm. En effet, c'était le seul endroit au monde où l'on savait empêcher le dénouement fatal de cette effrayante maladie. Les gens venaient de partout, d'Europe, de Russie, d'Afrique et même des États-Unis. On les traitait tous sans distinction de couleur ou de nationalité et sans jamais demander le moindre paiement. Il y avait ceux qui arrivaient à un stade trop avancé de la maladie pour qu'on puisse avoir le moindre espoir de les sauver, mais on les traitait quand même.

Arriva un moment où nous ne pûmes plus faire face aux demandes de vaccin contre la rage dans les locaux exigus de la rue d'Ulm. Ainsi, avec l'appui de mes collègues de l'Académie des sciences, nous nous mîmes à récolter des fonds pour construire un établissement dédié à la préparation et à l'administration de mon traitement prophylactique contre la rage afin que tout le monde puisse avoir accès à titre gratuit à ce remède *miraculeux*. En 1886, en quelques mois seulement, nous levâmes deux millions cinq cent mille francs.

C'était assez pour faire construire les magnifiques bâtiments, situés rue Dutot, qui constituent l'Institut Pasteur où on traite désormais la rage. Mais les activités de l'Institut ne devaient pas se limiter à la préparation et à l'administration de ce vaccin. Les membres de l'Institut seraient également tenus de s'occuper de la recherche et de l'enseignement en « microbie », la nouvelle science que nous venions de fonder.

Le laboratoire de Pasteur en 1886
par Laurent Lucien Gsell

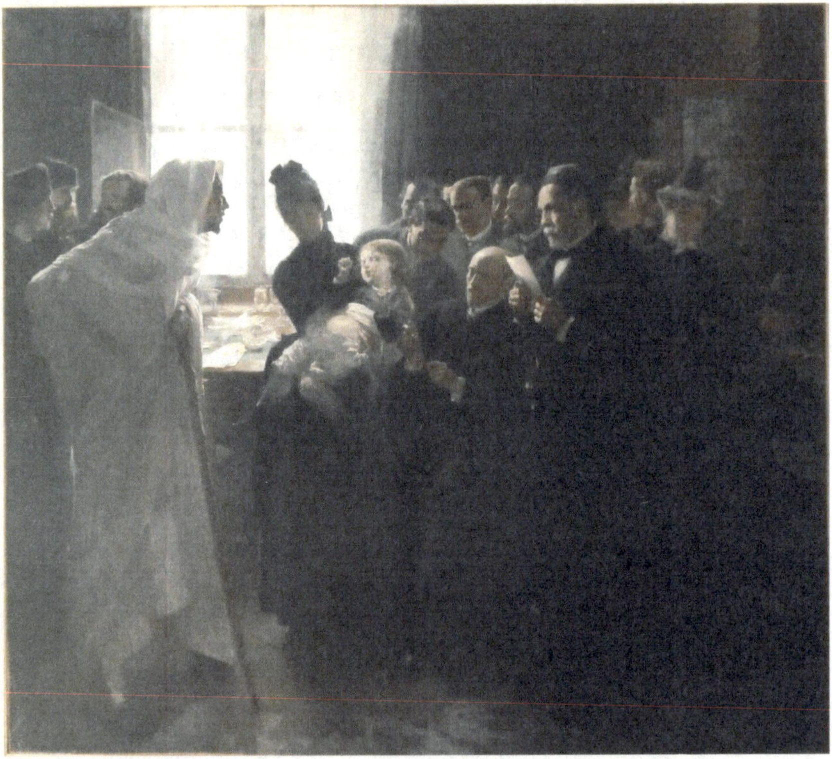

Une toile peinte par un artiste talentueux. Il montre bien les victimes de la rage venues de partout dans le monde jusqu'à mon petit laboratoire exigu de l'École normale supérieure à Paris.

Avec l'aimable autorisation de l'Institut de bactériologie de Strasbourg.

À partir de 1884, j'eus la chance de bénéficier d'un autre lieu pour faciliter mes recherches sur la rage. Mes voisins de la rue d'Ulm s'inquiétaient de la présence de tant de microbes dans leur voisinage, or il y avait, à Marnes-la-Coquette, un domaine ayant appartenu à l'empereur Napoléon III, lequel y avait fait construire le pavillon des Cent Gardes pour sa cavalerie.

En 1884, le ministre de la Défense me le céda pour mes expériences sur la rage. Pour la première fois de ma vie, je pouvais disposer d'un large terrain me permettant d'héberger les animaux qui devaient servir à mes expériences, mais je continuais de travailler à Paris.

À vrai dire, c'est dans mon laboratoire tout modeste de la rue d'Ulm que j'ai connu mes plus grandes réussites. C'est dans cette pièce étroite et basse, trop froide en hiver, surchauffée en été, que j'ai compris l'action des microbes et que j'ai vaincu la rage.

Je sens la fin de ma vie approcher et, à ce moment, la pensée me revient qu'il y a vingt ans j'ai failli mourir. Aujourd'hui, en 1894, l'Institut Pasteur est connu partout dans le monde. Il est difficile d'imaginer l'émotion que j'ai ressentie à voir des Russes venir à Paris recevoir leur traitement contre la rage. Imaginez un voyage de trois mille kilomètres pour se faire soigner par ce produit *miraculeux* ! Maintenant, grâce au travail de Roux et à sa sérothérapie contre la diphtérie[12], l'Institut porte l'étendard de la médecine moderne en France. Comme je dis très souvent *laboremus* – il faut travailler – jusqu'au dernier souffle.

Il y a, parmi mes contemporains, ceux qui apprécient ce que j'ai pu faire et d'autres qui, jaloux de mes succès, me détestent. Ils colportent de fausses rumeurs faisant croire par exemple que j'ai abrégé la vie de victimes de la rage, ou que j'en ai tué d'autres avec mes expériences. Sincèrement, je réponds ainsi : le savant doit s'inquiéter de ce qu'on dira de lui dans un siècle et non des injures ou des compliments du jour.

Je laisse le soin aux générations futures de juger la valeur de mon œuvre.

Une assiette commémorative peinte de mon vivant. J'ose espérer qu'on retiendra les leçons de l'hygiène de la même façon.

Avec l'aimable autorisation de l'Institut de bactériologie de Strasbourg.

épilogue

Louis Pasteur se retira de la vie publique pour finir ses jours dans la ferme dédiée à l'étude de la rage en dehors de Paris. L'inauguration de l'Institut Pasteur fut le dernier grand événement public auquel il put assister.

À cette occasion, il laissa son fils lire le discours qu'il avait préparé.

Il est mort le 28 septembre 1895 à l'âge de soixante-douze ans dans une salle modeste du pavillon des Cent Gardes à Marnes-la-Coquette.

Comme son collègue et ami Claude Bernard, il eut droit à des funérailles nationales. Selon ses dernières volontés, sa famille déclina l'offre de transférer son corps au Panthéon et ce dernier fut placé dans une crypte à l'Institut.

C'est là qu'on peut toujours rendre hommage à l'homme exceptionnel que fut Louis Pasteur.

chronologie

1822 Naissance de Louis Pasteur à Dole (27 décembre).

1827 La famille de Pasteur s'installe à Arbois.

1840 Pasteur est reçu au baccalauréat à Besançon.

1844 Pasteur intègre l'École normale à Paris

1847 Pasteur soutient une thèse en physique et une autre en chimie (en cristallographie).

1848 Premier rapport à l'Académie des sciences sur les propriétés optiques des cristaux.

1849 Pasteur déménage à Strasbourg pour y enseigner la chimie à l'université.

Mariage avec Marie Laurent.

1854 Pasteur est nommé doyen et professeur de chimie à la nouvelle faculté des sciences de Lille.

Pasteur travaille sur les problèmes de la bière liés à la fermentation.

1857 Pasteur devient directeur des études scientifiques à l'École normale supérieure à Paris

1858 Pasteur travaille sur les maladies du vin.

1859 Pasteur engage le débat avec Pouchet sur la génération spontanée.

1862 Pasteur entre à l'Académie des sciences.

1865 Pasteur part pour Alès étudier les maladies des vers à soie.

1870 Guerre avec la Prusse.

Pasteur renvoie son diplôme de *doctor honoris causa* de l'Université de Bonn.

1873 Pasteur entre à l'Académie de médecine.

1877 Pasteur présente ses recherches sur la maladie du charbon devant l'Académie des sciences.

1880 Pasteur publie un article sur l'atténuation du virus du choléra des poules.

1881 Pasteur expérimente son vaccin contre la maladie du charbon à Pouilly-le-Fort.

1882 Pasteur entre à l'Académie française.

1885 Joseph Meister est traité par le vaccin contre la rage.

1887 Apparition du premier numéro des *Annales de l'Institut Pasteur*, dirigées par Duclaux.

1888 Inauguration de l'Institut Pasteur (14 novembre).

1895 Mort de Louis Pasteur (28 septembre).

notes

1 Pasteur utilisait les termes microbe, virus ou germe de manière interchangeable. Le virus comme on le connaît aujourd'hui (virus filtrable), agent infectieux beaucoup plus petit que la bactérie, fut découvert au début du XXe siècle.

2 L'Institut Pasteur fut fondé en 1887 et le bâtiment d'origine à Paris fut ouvert en 1888.

3 Edward Jenner fut le premier à avoir utilisé l'infection par la vaccine (une maladie bénigne) comme moyen de prévenir la variole (une maladie très dangereuse).

4 Le goniomètre est un appareil optique utilisé pour mesurer avec précision les angles entre les faces des cristaux.

5 Louis-Philippe est devenu roi des Français suite à la révolution de Juillet 1830. Il sera remplacé par la IIe République après la révolution de 1848.

6 Microbie est un terme inventé par Pasteur pour décrire ce nouveau domaine. Aujourd'hui nous utilisons plutôt le terme microbiologie.

7 Alès, petite ville près de Nîmes, était connue à l'époque pour sa production de soie.

8 Terme d'origine occitane pour désigner une personne qui élève des vers à soie.

9 Pasteur publia un article en 1871 *Pourquoi la France n'a pas trouvé d'hommes supérieurs au moment du péril*, *Salut public*, Lyon, mars 1871.

10 Le terme *bactéridie* est aujourd'hui abandonné pour désigner les germes responsables des maladies. On dit *bactérie*.

11 La rage est due à une infection par un virus au sens moderne du terme ; c'est-à-dire un très petit agent, invisible au microscope. Ainsi était-il impossible pour Pasteur d'observer ou d'isoler l'agent responsable de cette maladie.

12 Mise au point en 1894, la sérothérapie utilisait les anticorps d'un cheval pour traiter les maladies. La première affection traitée avec succès fut une maladie infantile : la diphtérie.

Bibliographie
(liste des ouvrages consultés)

PASTEUR (Louis) *Écrits scientifiques et médicaux*, Paris, Flammarion, 1999

PASTEUR (Louis) *Œuvres*, édité par Louis Pasteur Vallery-Radot, 6 vol., Paris, Masson et c^ie^, 1922

VALLERY-RADOT (René) *La vie de Pasteur*, Paris, Flammarion, 1900

TROTEREAU (Janine) *Pasteur*, Paris, Gallimard, 2008

GEISON (Gerald L.) *The Private Science of Louis Pasteur*, Princeton University Press, 1995

remerciements

Pour leur patiente relecture du texte, merci à

Patricia Caillé

Marion Thomas

Hugues Chabot

Évelyne Lasserre

Axel Guïoux

collection *je suis...*

DIRIGÉE PAR JEAN-PAUL CHICH

Les hommes et les femmes qui entrent au Panthéon reçoivent l'hommage des Français pour avoir défendu – souvent au prix de leur vie – les valeurs qui fondent notre République.

La collection *je suis...* est un Panthéon de papier.

ALAIN-FOURNIER .... Jean-Jacques Bigorgne
LOUIS ARMAND .... Jacques Gelly
CLAUDE BERNARD .... Odile Nguyen-Schœndorff
PAUL BERT .... William Rostène
LÉON BLUM .... Didier Bazy
PIERRE BROSSOLETTE .... Jean-Paul Chich
ALBERT CAMUS .... Marie-Claire Dubreuil
AIMÉ CÉSAIRE .... Françoise Michot-Cheymol
CHARLIE CHAPLIN .... Daniel Bonnet
MICHEL-EUGÈNE CHEVREUL .... Denise Schoendorff-Lescoublet
MARCELINE DESBORDES-VALMORE .... Marc Bertrand
DENIS DIDEROT .... Marie-Claire Dubreuil
ÉTIENNE DOLET .... Christine de Coninck
PAUL ÉLUARD .... Odile Nguyen-Schœndorff
ÉDOUARD HERRIOT .... Chris Laroche
JEAN JAURÈS .... Catherine Moulin
LOUISE LABÉ .... Michel Locatelli
MARIE LAURENCIN .... Claude Loude
LOUISE DE SAVOIE .... François Chemarin
LOUISE MICHEL .... Laure Persod
JEAN MONNET .... Michel Morin
ROSA PARKS .... Lucien Chich
LOUIS PASTEUR .... Jonathan Simon
FRANÇOIS RABELAIS .... Odile Nguyen-Schœndorff
PIERRE DE RONSARD .... Gérard Gâcon
JEAN-JACQUES ROUSSEAU .... Odile Nguyen-Schœndorff
ANTOINE DE SAINT-EXUPÉRY .... Henriette Lévy
GERMAINE TILLION .... Sylviane Amrane
ROGER VAILLAND .... Christian Petr
JACQUES VAUCANSON .... Mireille Davidovici
SIMONE WEIL .... Yann Serra
MARGUERITE YOURCENAR .... Daniel Régnier-Roux
JEAN ZAY .... Lucien Chich

EN PRÉPARATION

NICOLAS DE CONDORCET .... Chris Laroche
CHARLES PÉGUY .... Didier Bazy
GÉRARD DE NERVAL .... Jean-Joël Duhot

ACHEVÉ
D'IMPRIMER
EN RHÔNE-ALPES
PAR CEI POUR LE COMPTE
DE JACQUES ANDRÉ ÉDITEUR
À LYON JANVIER MMXVI